This book was written in conversation with my dear friend David Coates. I'm glad to know him, and you would be too.

Some people want to **smoke It** or **drink It** or **snort It**.

Others want to **hit It** or **ride It** or **lick It**.

Some want to **shun It** or **spread It** or **shake It**.

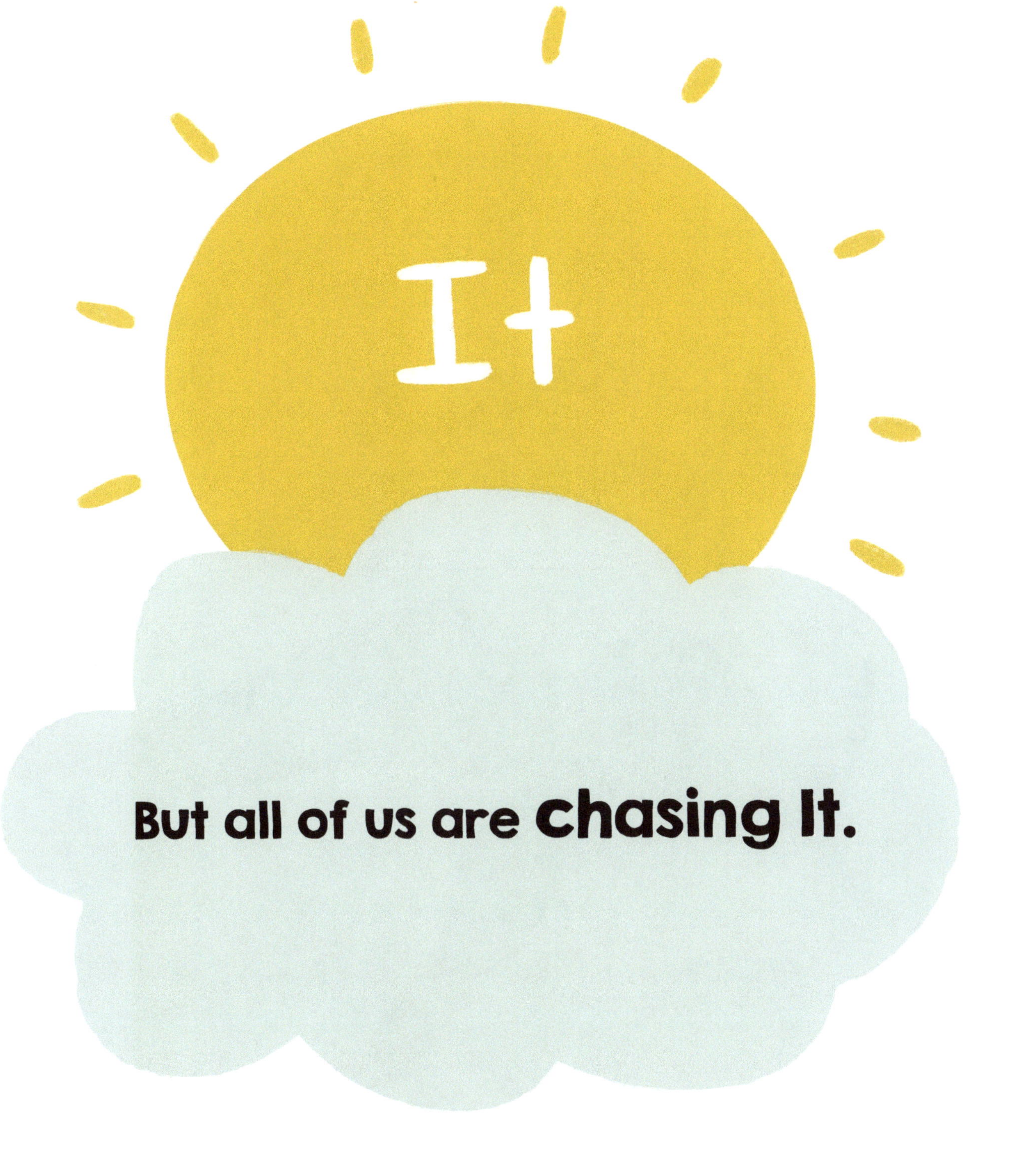

But all of us are **chasing It.**

I usually just want to snuggle It.

Hollywood wants us to watch It.

Religion wants us to worship it.

Corporations want us to buy It.

Politicians wants us to vote for It.

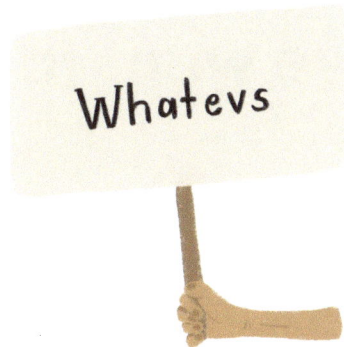

Activists want us to rescue It.

The NRA wants us to shoot It.

Most of all, we want to **control It.**

So we can **have It,** exactly how we **want It,** exactly when we **want it.**

But when we try to control It...

...we kill It.

Do you ever get, like, **CRAZY EXCITED** about the **EXACT** thing you have, in the **EXACT** moment you have It?

Yeah, me neither.

I mean, for a moment, sure, **here It is!**

That dripping slice of ripe **papaya.**

That **unexpected bonus.**

That first perfect kiss that sends you into **involuntary paroxysms.**

But then **shit**, where **does It**...

POOF

go?

Sometimes, I just look around and wonder...

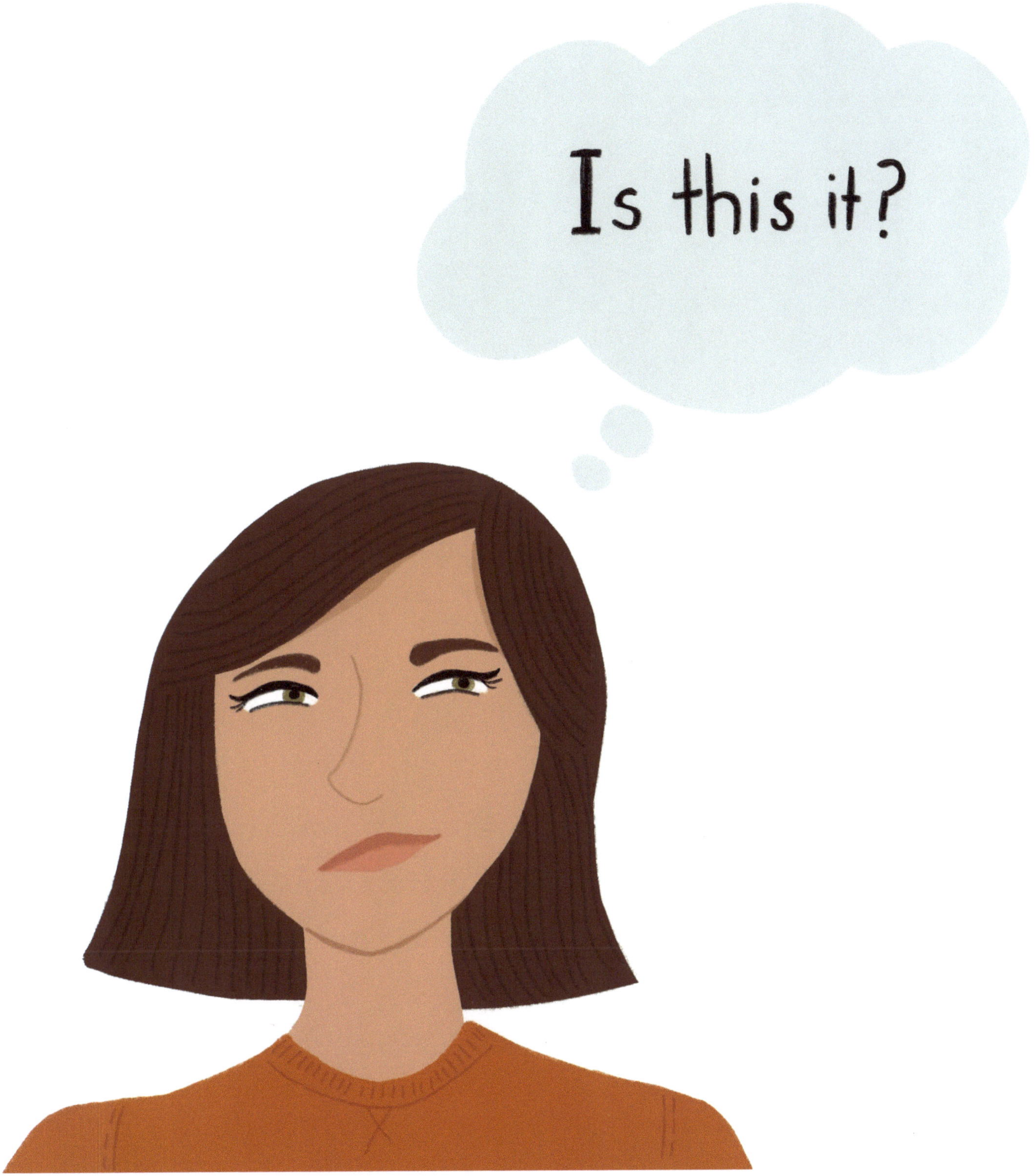
Is this it?

Some people think they **had It** and **lost It,** and they're constantly lamenting It.

And now they're just waiting for **It end.**

A lot of people are **grasping for It.**

They're waiting to enjoy life until they **get it,** "It'll be **perfect** just as soon as I get that next **big paycheck,** or find that next magical **relationship,** or finally drop that **7 pounds.**"

Of course, our **present It** is never as exciting as our **possible It.**

We always want a **better It!**

We always want the cherries without the **pits.**

And, the moment you get **an It**, It suddenly becomes... a **THAT!**

And a **THAT** is so much **less** appealing than **an It**.

The gorgeous unavailable **stops being It** and **starts being...** like, **Cliff**, that guy who leaves the toilet seat up.

THAT

=

Why does **It** have to suddenly get so...

Actual?

Sometimes you finally do get the **perfect It**. And you're **riding It** like a wave, hanging ten, staying zen, "**I'm on It! I'm on It!**", but just a little tiny part senses that future moment when that wave is gonna **crash,** and you remember It's all going to end so soon.

Do you ever feel a kind of **melancholic nostalgia** for the present moment right while you're in It?

WTF?

That's some **bullshit, ain't It?**

Most people haven't even considered **the It** we crave might be an illusion.

If you look **hard enough**, you can see **through It.**

Still, some people **chase It** their whole lives and never realize **their It** might be a mirage, triggered by the angle of the sun.

Other people are sure **THERE IS NO IT.**

They know they'll never **get It,** so they never even let themselves **want It.** That too is some **bullshit.**

Because **what if**, even though we know **It isn't real**, we're still supposed to yearn and pine and long **for It?**

Know why kids play tag?

They're practicing for relationships.

She said yes!

"Tag, you're It! You're the It I've always dreamed of! You're the It that's It!"

Your friends on social media see you getting It and think, "Wow, you found It! Damn, we wish we had It."

It's a lot of work to be someone else's It!

Ladies? We gotta wax It and condition It and tan It...

...And **polish It** and **tighten It** and **pluck It** and **highlight it** and **foam roll It** and **plump It** and **dye It** and **shave It** and **contour It** and **tone It** and **bleach It** and **laser rejuvenate It** and **Botox It** and **moisturize It** and **curl It** and **relax It**...

And if they
still don't love
It, they'll just
photoshop
It!

Being someone else's **It feels good** for a while, but **eventually,** you just want to **walk around** in **sweatpants** again.

You want to be **something real** to them - a **Thou** - instead of an **It**.

But you still kinda secretly want them to be your sexy, **perfect It.**

In the end, **relationships** essentially just turn out to be just **spending time** with another person **seeking It**, who **you** like, who's basically just like you, who's...

...still not It!

My buddy David and I are on the beach one day talking about It, and I climb up a boulder and shout, "I'm sick of searching for It! I'm so done. I'm just gonna declare right here, right now, THIS IS IT!"

THIS —
IS
IT!

And I tear off my **clothes** and **jump** into the **Pacific Ocean. It works!** For a second.

David starts to tease me, "Did you **find It?**" (He **gets It**.) I say, "Yeah, but It's **very COLD.**"

Some days I **want It** so bad I can **taste It.** I can't stand not **having It.** I hate this **Not-It.** Sometimes all I can do is throw my hands up and say, "**FUCK It!** I quit searching **for It!**"

And I remember all we can really do is **laugh at It,** you know? It's kind of a ridiculous joke!

And if we're lucky...

THE MOMENT WE FINALLY,
TRULY GET IT.

WE'RE NOT SEPARATE FROM IT.

And we can never become It.

Because we already are It.

But remembering **you're It** is really intense, so we usually just want other people to **be It**, like **Buddha** or **Jesus**... or **Lady Gaga.**

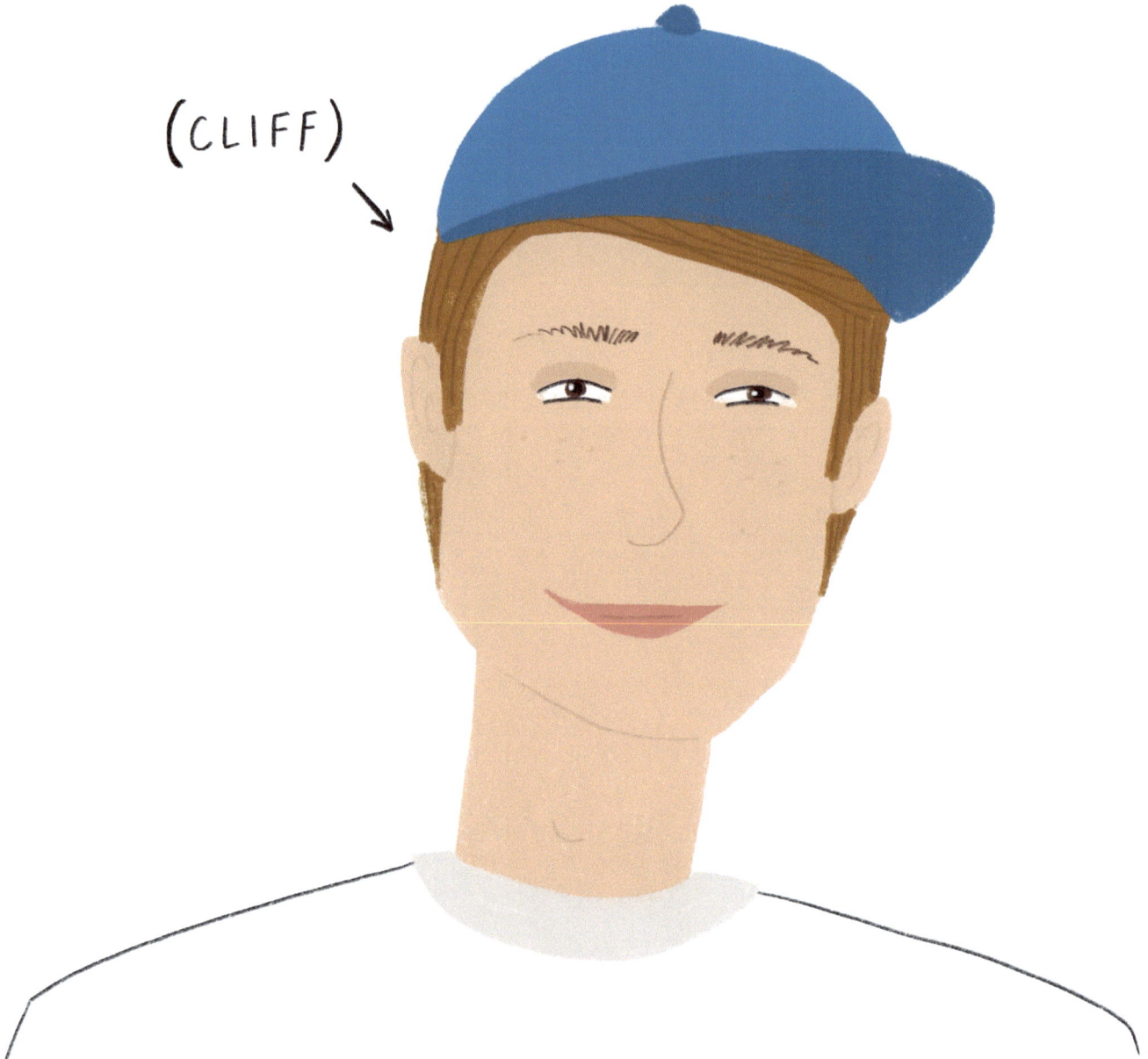
(CLIFF)

Or **Cliff**, I guess.

Even though **It's an illusion**, we can still play the game for the **FUN of It**.

And it's way more fun if you can see **through It**.

And maybe **all of It** is not such a big **friggin' deal!**

And what if, when we get that, It gets really **exciting**, because we realize...

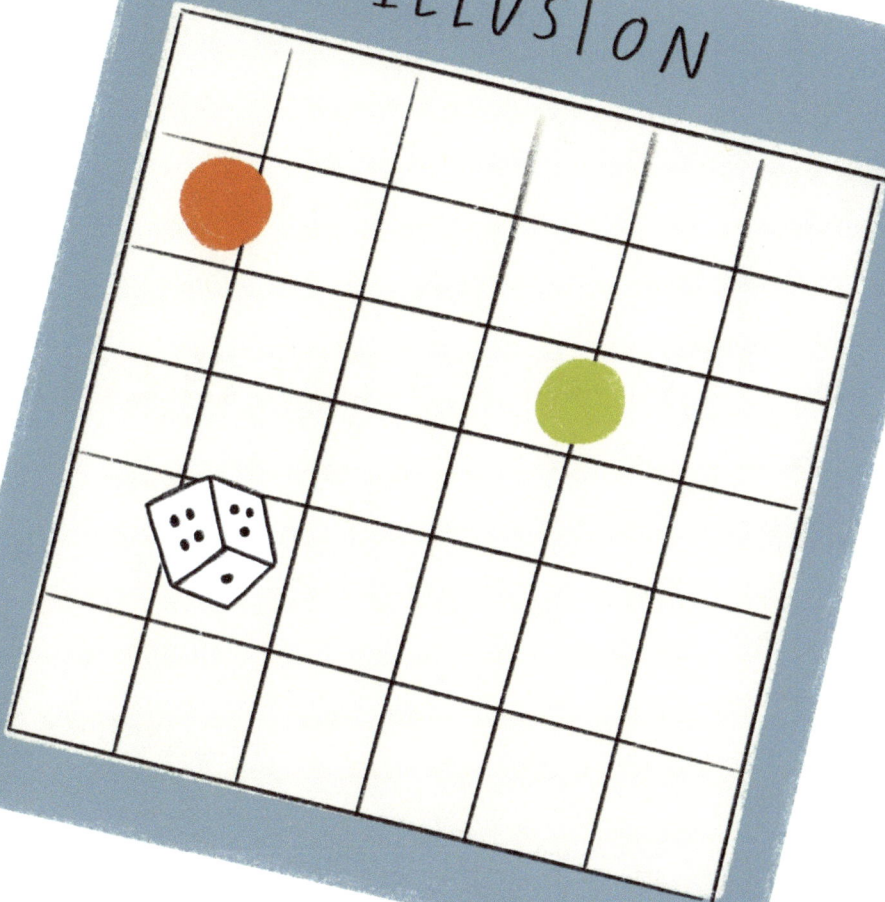

IT IS HERE, NOW, EVERYWHERE!

It IT it

it It

It it iT

Just look around... It's **double rainbows** and **disco dancing** and **global warming** and **mocha cheesecake** and **awkward silence** and **motorcycle exhaust** and **elephants humping** and **dirty diapers** and **psychedelic plants** and **factory work** and **monarch butterflies**...

It's everything!

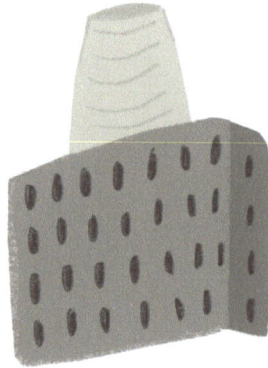

Tag... you're IT!